চুল্লি

রঞ্জন ভট্টাচার্য

EditionNEXT
editionNEXT, Kolkata, India
www.editionnext.com

"Chulli" :: A Collection of Bengali Poems by Ranjan Bhattacharya

International(USA) Edition

Cover: Uday Bhattacharyya

First Edition: December 2025

Publisher: Mousumi Bhattacharyya
2/6 Swapneneer, CB 1/1, Baguiati, Kolkata- 59
Website: editionNEXT.com
Facebook: facebook.com/editionnext
Twitter: twitter.com/editionnext
eMail: Link "Contact Us" in editionNEXT.com

উৎসর্গ

এই বইটি আমার প্রাণ প্রিয় দিদি শান্তি মুখার্জির চরণ কমলে উৎসর্গ করলাম।

ভূমিকা

বাংলা সাহিত্যের আধুনিক কাব্যধারায় অণুকবিতা এক অভিনব রূপ। সংক্ষিপ্ততায় গভীরতা, সরলতায় দার্শনিকতা -এই ফর্মটি কবির মনের সূক্ষ্মতম অনুভূতিকে ধরে রাখে, যেন একটি অণুর মধ্যে সমগ্র বিশ্বের প্রতিফলন। কবি রঞ্জন ভট্টাচার্যের "চুল্লি" এই অণুকবিতার জগতে এক মাইলফলক। মোট ২৩৭টি অণুকবিতা নিয়ে গড়া এই গ্রন্থটি শুধু সংখ্যায় নয়, গুণে ও বৈচিত্র্যে অসাধারণ।

টাইটেল কবিতা "চুল্লি" থেকে শুরু করে "শেষ", "গন্তব্য স্থান", "তৃপ্ত", "পরাজয়", "আকর", "অন্তর্যামী", "আনন্দ" ও "মন-নিকেতন" -প্রতিটি রচনা যেন একেকটি অণুর মতো স্বয়ংসম্পূর্ণ, কিন্তু সম্মিলিতভাবে গড়ে তোলে এক বিশাল কাব্যচিত্র। কাঠের চুল্লি থেকে বৈদ্যুতিন, তারপর সমাজের অবক্ষয়ে চুল্লির অপ্রয়োজনীয়তা -এই সরল চিত্রের মধ্যে লুকিয়ে আছে আধুনিকতার সমালোচনা। "পরাজয়" কবিতায় আণবিক যুদ্ধের সঙ্গে সমীরের শক্তির তুলনা বিজ্ঞান ও মানবতার দ্বন্দ্বকে উন্মোচিত করে, আবার "আকর" অণুকে সৃষ্টি ও ধ্বংসের প্রতীক বানিয়ে দার্শনিক গভীরতা দেয়। প্রকৃতির সৌন্দর্যে ভরা "আনন্দ" বা "মন-নিকেতন" শরৎকালের শিউলি সুবাসে মনকে ভাসিয়ে নিয়ে যায় আনন্দের অবিরল স্রোতে।

রঞ্জন ভট্টাচার্যের কলমে অণুকবিতা কেবল সংক্ষিপ্ত নয়, তীক্ষ্ণ। তিনি অণুকে কেন্দ্র করে গড়ে তুলেছেন জীবনের মৌলিক প্রশ্নসমূহ -সৃষ্টি, ধ্বংস, আনন্দ, পরাজয়, অন্তর্যামীর হাসি। এই গ্রন্থ পাঠককে আমন্ত্রণ জানায় এক অণু-বিশ্বে ভ্রমণে, যেখানে প্রতিটি কবিতা একটি চুল্লির মতো জ্বলে উঠে আলোকিত করে মনের অন্ধকার।

প্রকাশক হিসেবে আমরা গর্বিত এই কাব্যগ্রন্থটি পাঠকদের হাতে তুলে দিতে পেরে। "চুল্লি" কেবল একটি বই নয়, একটি অনুভূতির আধার — যা বাংলা কবিতার ভাণ্ডারকে সমৃদ্ধ করবে চিরকাল।

— প্রকাশক

অহং

মহান ব্যক্তিত্ব যখন মহত্বের বড়াই করে
তখন সে আর মহান থাকেনা।

জন্মান্তর

জন্মান্তরের ভাবনাটা নাইবা ভাবলাম
এ জন্মে বিশ্বাসযোগ্যতা অর্জন করাটাই
শ্রেষ্ঠ বলে মনে হয়।

ধর্মাচরণ

মন্দিরের পিছনে ছুটে
মন মন্দিরটা যদি তৈরি না হয়
ঘরে বসেই আরাধনা করা ভালো।

পতন

সংসারাঙ্গনে যখন পা দিয়েছো
চুল ভেজাতে হবে নয়তো পতন অবশ্যম্ভাবী।

ক্ষমতাবান

ক্ষমতার চেয়ে অধিক প্রয়োগ
নির্বুদ্ধিতার পরিচয়।

তৃপ্ত

যদি সমন্বয় চাও তো
ভোরের তৃপ্তি উপভোগ করো।

রঞ্জিত

অন্যকে রঞ্জিত করতে গেলে
আগে নিজেকে রঞ্জিত কর।

শান্তি

উপভোক্তা যখন সংসারে প্রবেশ করে
সংসারের শান্তি বিঘ্নিত হবেই।

শক্তি

সূর্য শক্তি মহাশক্তি
জানেন কজন
নারী শক্তি কী যে শক্তি
শুধু জানেন মহাজন।

বিসর্জন

গুরু দীক্ষা মহা দীক্ষা
যেটা নাকি বড়ই প্রয়োজন
নিজের শিক্ষা না থাকলে জীবন বিপন্ন।

উত্তর

আপনারা ক্ষমতাবান হয়েও
ক্ষমা প্রদর্শন করেন না কেন?
সে উত্তর কারো জানা নেই।

সুখ দায়ক

সম্পত্তি ভাগ বাটোয়ারা হওয়া যে বিপুল সমস্যা
তার চেয়ে বাস্তু হীনা হওয়াটা সুখ দায়ক।

ধূর্ত

ধূর্ত মানুষকে বিশ্বাস করার চেয়ে
শিয়ালকে বিশ্বাস করা ভালো।

সার্থকতা

মাথামোটা দের নিয়ে মাখামাখি করার চেয়ে
বুদ্ধিমানের পদধূলি নিলে জীবন সার্থক হবে।

ষোলো আনা

যতই ভাই ভাই করো না কেন
সম্পত্তির ভাগাভাগিতে ষোল আনা বুঝে নেয়।

লঙ্কা ভাগ

কালনিমের লঙ্কা ভাগের কথা কে না জানে
এখন দেখছি দেশটাকে ভাগ করে দেবে।

জন্ম মৃত্যু

জন্ম মৃত্যুর কথা যদি বলো
কারোর হাত নেই
যেখানে শাসকের হাতে মৃত্যু হয়
সে হাত কার?

সমাজ কল্যাণ

সামাজিক কাজ করতে গিয়ে
যখন অকল্যাণকর কিছু হয়
সেখানে সমাজ কল্যাণ বলে গর্ব করার কিছু নেই।

চরিত্র

ফসল যখন পানির জলে ভেসে যায়
ওরা তখন শুধু হাসে
এ এক অদ্ভুত চরিত্র।

লজ্জা

মহাজন যখন মহান হন
মহা পুরুষরা তখন লজ্জা পায়।

পরিহাস

আসন্ন ধ্বংসের মুখে যখন এ পৃথিবী
তখন ব্রহ্মা-বিষ্ণু-মহেশ্বর ও ছাড় পাবে না।

শত্রু

নিজের ভালো যে বোঝে
সে প্রয়োজনে পরের শত্রুও বটে।

বোধ

মৃত্যুর পর মৃত্যু ঘটে গেলেও
তথাকথিত মৃত ব্যক্তির টনক নড়ে না।

মতামত

যজ্ঞের কাঠ অ যোগ্যের হাতে পড়লে
যজ্ঞে পন্ড হয়।
এই নিয়ে কোন দ্বিমত নাই।

শান্তি

নিদারুণ যন্ত্রণার মাঝে যে সুখ খুঁজে পায়
তার চেয়ে শান্তিতে কেউ নেই।

জল জীবন

জল থেকে জীবন
তবু, জলেই শেষ জীবন তরী।

শ্রেষ্ঠ ভিক্ষা

সব ভিক্ষা ভিক্ষা নয়
মনের দান ই শ্রেষ্ঠ ভিক্ষা।

স্বচ্ছ অস্বচ্ছ

স্বচ্ছতার ভিতর ও অস্বচ্ছ লুকিয়ে ...
প্রকৃতির নিয়মে বেড়ে ওঠে
আবার মিলিয়ে যায়।

জ্বলুক

প্রদীপ জ্বালাতে গিয়ে যদি
নিজের হাত পোড়ে তাতে লজ্জা নেই
প্রদীপ তো জ্বলুক।

দগ্ধ

আগুন জ্বালাতে গিয়ে যদি নিজে দগ্ধ হই
তাতে ক্ষতি কি
ক্ষতি তো সমাজের।

সততা

বিচার ব্যবস্থায় আইনের থেকেও সততাই মূলধন হওয়া উচিত।

অর্থ অনর্থ

বর্তমান সমাজ ব্যবস্থায় একমাত্র মূলধন অর্থ।
সততার দৈব বীজ গভীর খাদে।

গ্রহণ বর্জন

সাহিত্যের বীজ বপন করার চেয়ে
সাহিত্যকে কুক্ষিগত করাই যাদের উদ্দেশ্য
তাদের বর্জন করা উচিত।

নিঃলজ্জ

দামোদর শেঠ আজ আর নেই
বেঁচে থাকলে সে লজ্জায় মরে যেতে।

কবি হওয়া

কবি হওয়ার পিছনে
সবটাই পাঠকের উপর নির্ভর করে না
অনেকটা পয়সার উপর।

বিনিময়ে

প্রথাটা এতই নিচে নেমেছে যে
এই প্রথাটার ই বিনিময় মূল্যহীন।

স্বাধীনতার

স্বাধীনতার মূল্য তখনই বোঝা যায়
যখন মায়ের মমতা অনুভূত হয়।

শিন্তির বাণী

বিশ্ব মজেছে যুদ্ধ খেলায়
কে থামাবে বলো?
শান্তির বাণী পকেটে নিয়ে
মিচিলে মিছিলে চলো।

প্রশ্ন

মা দুর্গা এলেন বটে,
জানেন কি ধরার হাল?
বন্যা খরা মহামারী
এ সবই কি করেন মহাকাল?

স্বপ্ন

ভোরের স্বপ্ন যাই হোক না কেন
দিবা স্বপ্ন থেকে মুক্তি নেই।

ক্ষমার যোগ্য

দোষ সেখানেই ক্ষমার যোগ্য
যদি প্রথমেই ভুল স্বীকার করা যায়।

চুল্লি

আগে ছিল কাঠের চুল্লি,
পরে বৈদ্যুতিন
বর্তমান সমাজের যা অবস্থা
তাতে কোন চুল্লিরই দরকার নেই।

শেষ

দিনান্তের শেষে যখন এলে
মেঘমালা সাজিয়ে
জোনাকিরা নতুন করে জেগে উঠল
আক্রান্ত গোধূলি আমিত্বেই শেষ!

গন্তব্য স্থান

আজ ভেদিয়া স্টেশন পৌঁছে ভাবলাম
সব বাঁধা দূর করে
মূল স্টেশনের উদ্দেশ্যে রওনা দেব
কিন্তু দক্ষ কারিগর এর কাছে ধরা পড়লাম।

তৃপ্ত

তোমার অণু গ্রন্থি থেকে নিশ্চিত রসে
... তৃপ্ত!

পরাজয়

অণু নিয়ে আণবিক যুদ্ধ
তবে, সমীর আণবিক শক্তি
যুদ্ধকে হার মানায়।

আকর

অণু হতে সৃষ্ট বিশ্ব চরাচর
আজ, সেই অণু ধ্বংসের আকর।

অন্তর্যামী

অণুর পিছনে আজ সব অনুগামী
শক্তিধর শক্তি বলে ...
হাসেন অন্তর্যামী!

আনন্দ

কাশে কাশে ভরা আমার এ মন
ফুলে ফুলে ভরা জল
মেঘে মেঘে ভরা শুভ্র আকাশ
আনন্দ অবিরল।

মন-নিকেতন

শরতে শিউলি তুলতে মজা
আনন্দে বিহ্বল
শিউলি সুবাসে মন নিকেতন
ভাসে যে অনর্গল।

উতলা

পাখিরা বেড়ায় আকাশে বাতাসে
শুভ্র মেঘের বেলায়
শিশুরা খেলে আঙ্গিনার 'পরে
আনন্দে উতলায়।

আকর্ষণ

প্রকৃতির ডাকে শরৎ আসে
প্রকৃতির টানে যায়।
মনে জাগে আনন্দ বাসনা
যেন, কুলু কুলু বয়ে যায়।

বাঁচা না বাঁচা

এখনো বেঁচে আছি বিজ্ঞাপনের ভীরে
বাঁচবো সেদিন শান্তি ভাবে
ওটা যাবে যখন ছিঁড়ে।

হাটে ভাঙি হাঁড়ি

পাঁচ আঙুলে আংটি ভারী
অর্থ হবে তাড়াতাড়ি
ভুলের মাশুল দিতে গিয়ে
শেষে হাটে ভাঙ্গে হাঁড়ি।

চেনা অচেনা

কবিতার ভিতর দিয়ে
কবিতাকে চেনা বড় দায়।
মানুষের ভিতর দিয়ে
কবিতাকে চেনা যায়।

কথা

কথার ফুলকি দিয়ে কাজ হয় না
একটা কাজের জন্য এত কথার ফুলকি যে
তুবড়ি র আকার ধারণ করে।

চৌচির

বন্ধুত্বের বাঁধনটা যদি
টাকার উপর ভরসা করে তো
দুদিনেই ভেঙে চৌচির।

দলদাস

বাবুদের দলদাস হয়ে
চলে যাবে জীবন
বাকি জীবনটা দল দাসের।

বন্ধুত্ব

কারোর মাহাত্ম্য উপলব্ধি করার আগে
বন্ধুত্ব করতে নেই।

সাহচর্য

সব জিনিস ভাগ করা যায়
তবে বন্ধুত্বের সাহচর্য ভাগ করা যায় না।

পরাকাষ্ঠা

দাসের দাসত্ব আজ পরাকাষ্ঠা
নির্মম নিপুন অত্যাচারে সমাজটা বিচ্ছিন্ন।

খাই-খাই

যত পাও তত খাও
খাওয়ার শেষ নেই
খাওয়া যখন শেষ হবে
বুঝবে আচিরেই।

কলঙ্কিত

কলঙ্কিত কবিরা আজ প্রজ্জ্বলিত
প্রজ্জ্বলিত রা আজ কলঙ্কিত।

দুর্দশা

ইংরেজি পড়তে পড়তে
বাংলার গুতো আজ সহ্য হয় না
বাংলার এ হেন দুর্দশা থেকে মুক্তি নেই।

অত্যাচার

ঘরে বাইরে কবিরা আজ অত্যাচারিত
শরীরে নয়, মননে।

আশা নিরাশা

আমৃত্যু লিখে যেতে পারো
মৃত্যুর আশা করো না।

সন্তরণ

চলতে চলতে চলার পথে
এ চলমান জীবন
কখন যে স্তব্ধ হবে
যতই জানো সন্তরণ।

আমি

আমার মাঝে আমাকেই
খুঁজে পাওয়াটাই শ্রেষ্ঠ পথ
বাস্তব বা অবাস্তব
অন্য কোন পথের দরকার নেই।

অনুভূত

স্বাধীনতার মূল্য তখনই বোঝা যায়
যখন মায়ের মমতা অনুভূত হয়।

ভেদাভেদ

নেতাজির মর্ম স্পর্শ ভালোবাসা
যেদিন অনুভুত হবে
সেদিন আর জাতিদের থাকবে না।

মিল অমিল

মনের মিল অমিলের প্রশ্নটা সেখানেই
যেখানে মিলন হয় না।

ক্ষমার যোগ্য

দোষ সেখানেই ক্ষমার যোগ্য
যদি ভুল স্বীকার করা যায়।

যেমন তেমন

যে যেমন
তার অবস্থাও তেমন।

স্বচ্ছতা

স্বচ্ছতা ই যদি একমাত্র লক্ষ্য হয়
অস্বচ্ছ কাঁচে ও স্বচ্ছতা প্রকাশ পায়।

সম্যক জ্ঞান

অন্যের গভীরতা মাপার আগে
নিজের গভীরতা সম্পর্কে
স্বচ্ছ ধারণা থাকা কর্তব্য।

নিয়ম অনিয়ম

নিয়মের স্বচ্ছতা রাখতে গিয়ে
অনিয়মে পা পড়বেই।

নির্বুদ্ধিতা

আজ আর রক্ত দিয়ে মানুষ বাঁচাতে হয় না
রক্ত ক্ষরিত হয় মানুষের নির্বুদ্ধিতায়।

রক্তচোষা

কারোর কাছে অতি আবেগে ভাসতে নেই
সুযোগ সন্ধানীরা
আবেগের শেষ রসটুকু চুষে নেয়।

দেওয়া নেওয়া

স্ত্রীকে কখনো একশ ভাগ দিতে নেই
বাকিদের কাছে রুষ্ট হতে হয়।

ভাগ বন্টন

নিজের ইচ্ছা কখনো
যেখানে সেখানে প্রকাশ করতে নেই
এতে বিপরীত প্রতিক্রিয়া হতে পারে।

বিশ্বাস-অবিশ্বাস

শত্রুকে বিশ্বাস করো
কিন্তু কৃতঘ্ন কে কখনোই নয়।

ব্যথা বেদনা

অফিসে অফিসের কথা
বাড়িতে বাড়ির কথা
দুটিতে মিলে গেলে লাগে বড় ব্যথা।

ঘর একটাই

রাম রহিমের যুদ্ধ
আজও বিশ্ব চরাচর
কেউ জানে না কেউ বোঝেনা
সবটা একই ঘর।

ব্রহ্মতত্ত্ব

ব্রহ্মতত্ত্ব যে বোঝে
সে কি ব্রহ্মার মানুষ পুত্র?
শূদ্র যদি তা বোঝে
সে কি সুত পুত্র!

রসবোধ

রসবোধ যার আছে
সে তো রসজ্ঞ
যার নেই রস বোধ
বলা যায় সে অজ্ঞ।

অদৃষ্ট

কুন্তি মাতা গান্ধারী ও
কে বলো তো শ্রেষ্ঠ?
দুজনেরই কপাল পোড়া
এটাই যে অদৃষ্ট।

যোগ্য অযোগ্য

ক্ষমা পরম ধর্ম হলোও
বর্তমানে এটা ক্ষমার অযোগ্য।

স্ববিরোধী

স্ত্রীর অধিক ক্রোধ
সংসারে অশান্তির কারণ
স্বামীর মধুর সৌজন্য প্রকাশ
স্ত্রীর ভালোবাসার পাত্র।

দাম

যতদিন যাবে সোনার দাম বাড়বে
মানুষের দাম কমবে।

শিক্ষা-অশিক্ষা

যতদিন যাবে শিক্ষার মান কমবে
কুশিক্ষা বাড়বে।

বোধোদয়

নিজেকে যতই ধোলাই করবে
ততই উন্নতি হবে।

পরিবর্তন

বিচার ব্যবস্থাকে দোষ দিয়ে লাভ নেই
সমস্ত ব্যবস্থার আমল পরিবর্তন দরকার।

জাত্যাভিমান

হায়রে জাতি হায়রে দেশ
এখনো সময় আছে
ভেদাভেদ সব দূর করে
আয় পরস্পরের কাছে।

কুমিরের কান্না

আবেগের বসে প্রলুব্ধ না হওয়াই ভালো
তবে অচিরেই বিপদ বাড়ে।

বিচার মূল্য

দ্রব্যমূল্য আর বাজার মূল্য যখন এক হবে
তখন কোন মূল্যকে তুল্লাতি তুল্য বিচার করা যায় না।

গুরু শিষ্য

চর্চায় কিনা হয়
সেখানে সঠিক গুরুর
একমাত্র পরিচয়।

মাটির তান

খোয়াই এর তীরে বসে
শুনছি বাউল গান
আদুল গায়ে যাচ্ছে দেখো
গেয়ে মাটির তান।

মানুষ অমানুষ

কাব্য চেতনার উন্মেষ হলেই হবে না
আগে কবিকে মানুষ হতে হবে।

কালের নিয়ম

বাংলার ঘরে ঘরে আজ কবির ছড়াছড়ি
তার কজনই বা বাঁচবে কালের নিয়মে।

বাঁধন

বাঁধাকপির বাঁধন যতটা গভীর
মানুষের মধ্যে ততটা বাঁধন নেই।

শত্রু মিত্র

এ যুগে পরম আত্মীয়ের চেয়ে
শত্রু ভালো।

বিশ্বাস

অপরকে বিশ্বাস করার আগে
নিজের প্রতি বিশ্বাস রাখা অবশ্যই কর্তব্য।

দানবীর

শরীর ও মন
দুটি যে একসাথে দেবে
সেই দানবীর।

ইজ্জত

কলঙ্ক থেকে বাঁচতে হলে
প্রথমে নিজের ইজ্জত বাঁচাতে শেখো।

জ্বালা

ঘোষিত প্রেমের চেয়ে
অঘোষিত প্রেমে জ্বালা বেশি।

প্রাপ্তি

অন্যের মনে আঘাত দিলে
তা নিজের কাছেই ফিরে আসে।

ত্যাগ

মহাদেবের মত
সবাই নীলকণ্ঠ হতে না যাওয়াই ভালো।

বিরহ

কৃষ্ণ বিরহে বিরহী হয়ে
ছুটি বৃন্দাবন
আমার রাধা কৃষ্ণ প্রেমে
হারিয়েছে নয়ন।

আত্মানুসন্ধান

পৃথিবীর রস আস্বাদন করতে
নারীর প্রয়োজন নেই।

শক্তি

পুরুষ যতই শক্তিশালী হোক না কেন
নারী শক্তির কাছে সে অচল।

সুখ দুখ

নারী পুরুষের মিলনে
সব দুঃখ দূর করা যায় না
মন মিলন একান্তই দরকার।

ক্ষমা

অনিচ্ছাকৃত ভুল ক্ষমার যোগ্য হলেও
ইচ্ছাকৃত ভুল কখনোই ক্ষমার যোগ্য নয়।

উপহার

জন্ম জন্মান্তরে যা পেলাম না
তা তোমার মাঝেই পেলাম।

বোধ

বিচারের বাণী যখন নিরবে কাঁদে
তবে সে নীরবতা কজন বোঝে।

শিক্ষা দীক্ষা

অক্ষর জ্ঞানহীন মানুষের সংখ্যা যত বাড়বে
শিক্ষিতের শিক্ষার হার তত কমবে।

গুরুর গুরুত্ব

গুরুর পরামর্শে গুরু হওয়া যায় না
গুরুত্ব বোঝার ক্ষমতা থাকা চাই।

ব্যথা

নারীত্বের কঠিন সময়টা
নারীই বোঝে
নরের বোঝার ক্ষমতা নেই।

মস্করা

আবেগপ্রবণ ব্যক্তির সাথে মস্করা নয়
নিজের বক্তৃতা
ব্যক্তিত্বের মর্যাদা পূর্ণ হয়।

ধ্বংস

লোলুপতা সমাজের মূল লক্ষ্য হলে
সে সমাজে ধ্বংস অবস্বম্ভাবী।

সাফল্য

আদর্শের যেখানে চ্যুতি ঘটে
সেখানে উন্নতির ভারসাম্য হারিয়ে যায়।

বাধা

স্বার্থান্বেষী ব্যক্তির রাজনীতি
রাষ্ট্রের উন্নতির পথে বাধা হয়।

স্বার্থান্বেষী

বিনা স্বার্থে সুচাগ্র মেদিনী ত্যাগ করলেই
স্বার্থ হীনতা প্রকাশ পায় না।

তুল্যাতিতুল্ল

বোকা বন্ধুর চেয়ে
চালাক শত্রু ভালো।

আশাহত

হতাশাগ্রস্ত কোকিল কখনো
আশাহত হয় না।

মুল্য

জীবনের মূল্য বোঝাতে কখনো
শেষ পরিণতি দেখাতে নেই।

বোঝাপড়া

রাতের বোঝাপড়ার চেয়ে
দিনের শত্রুতা ভালো।

নিয়মানুবর্তিতা

যে যতটা নিয়ম মানে
তার পিছনে অনিয়মের বাস্তবতাই
বেশি।

খেয়াল

শরীর উত্তপ্ত হয় প্রকৃতির খেয়ালে
নয় তো বিষ হয় আপন খেয়ালে।

মানা না মানা

গুনীর ধিক্কার মেনে নেওয়া যায়
কিন্তু নির্গুনের আদর মেনে নেওয়া যায় না

গরম

পয়সার গরম কখনোই দেখাতে নেই
পয়সা অভাবে নিজের মাথা এমনিতেই গরম হবে।

লুটতরাজ

রক্ত বোনা ধান আজও লুটতরাজের হাতে
প্রত্যক্ষ নয়, পরোক্ষ আঙ্গিকে।

অচৈতন্য

রঙ্গ দেখতে দেখতে এমনি ভাব গম্ভীর হয়ে পরি যে
চৈতন্যের চাবিটা হারিয়ে ফেলি।

অনুঘটক

জলের তারল্য ও মনের তারল্য যখন এক হয়
অনুঘটক তখন আপনা থেকেই সরে যায়।

সর্বনাশী

মুক্ত মনের মানুষ যারা তাদের বিপদ বেশি
জটিল মনের মানুষ যারা তারা সর্বনাশী।

আশ্রয়

জীবন নিয়ে খেলে যারা
গড়ে জীবনের সংশয়
বাজি রাখে জীবন যারা
ঘরে জীবনে আশ্রয়।

উড়নচণ্ডী

বেসামাল কে সামাল দিতে
বেসামাল হতে হয়
উড়নচণ্ডী থাক না ভালো
চন্ডীদাস এ কয়।

বিনাশ

অসভ্যতার মাত্রাটা যখন
আকাশ ছুঁয়ে যায়
তখন জাতির অবক্ষয়ের মাত্রাটাও
নিমিষেই আকাশ ছুঁতে চায়।

ছোঁয়া

আকাশ জুড়ে তারার উদয়
মনকে উদাস করে
উদাস করা হৃদ মাঝারে
তারই স্পর্শ ধরে।

অস্তিত্ব

আঁধার ও অন্ধকারের মাঝে যে ফাঁক
সেখানেই তাঁর অস্তিত্ব।

নিষ্পাপ

একাত্ম হওয়ার আগে
আত্মাকে ভেঙ্গে চুরমার করে
একবার বুঝিয়ে দাও যে
নিষ্কাম আত্মা নিস্পাপ আত্মার চেয়ে বড়।

সুযোগ

দুনিয়ার রঙ্গ দেখতে দেখতে
আজ বার্ধক্যকে দ্বারে অতিক্রান্ত
তবুও এই রঙ্গমঞ্চে অভিনয়ের সুযোগ পেলাম না।

উপলব্ধি

আনন্দের সাগরে ভেসে
দুঃখকে অনুভব করা যায় না
দুঃখের সাগরে ডুবেও
আনন্দকে উপলব্ধি করা যায়।

ক্ষমতা

সহধর্মিনীর ক্ষমতা উপলব্ধি করে
নিজের ক্ষমতা প্রয়োগ করা উচিত।

ক্ষমতা লোভী

ক্ষমতার লোভী স্ত্রী কখনোই
সহধর্মিনী হতে পারে না।

সহধর্মিনী

প্রকৃত সহধর্মিনী কখনোই
ক্ষমতালোভী হয় না।

দৃষ্টি

তারার সৌন্দর্য
ঘরে বসেই দেখা যায়
হাপিত্যেশ হয়ে
আকাশের দিকে তাকাতে হয় না।

সৌন্দর্য

প্রকৃতির সৌন্দর্যই শেষ কথা নয়
বাস্তবতাই এর প্রকৃত সৌন্দর্য।

কৃতঘ্ন

সংসারে সংসারে অকৃতজ্ঞ ব্যক্তি চেয়ে
অযোগ্য অনেক ভালো।

পুত্র কন্যা

পুত্রের চেয়ে কন্যা ভালো
কন্যার চেয়ে পুত্র
অবাস্তব এই কথার
নেই তো কোন সূত্র।।

গরিবের রক্ত

গরিবের রক্ত অনেক ভালো
চিনির চেয়েও মিষ্টি
প্রতিবাদের ঝড় যতই উঠুক
এটা আদিকালের সৃষ্টি।

খাঁচা

বাঘের খাঁচার চেয়ে
বর্তমানে রাজনৈতিক খাঁচাটা বেশ ভয়ংকর।

ব্রহ্মত্ব

ব্রাহ্মণ্য বাদীর ব্রহ্মত্ব আজ শূন্যতে
তাই এই অধঃপতন।

কলঙ্ক

আকাশে বাতাসে যে বারুদের গন্ধ
তা বোমারু বারুদ নয়।
এ কলঙ্কের।

অবক্ষয়

সমাজের অবক্ষয়ের একটাই কারণ
রাজনীতির অবক্ষয়।

শিক্ষা

শিক্ষার হাল ভাঙার একটাই কারণ
মাঝির শিক্ষার অভাব।

বাস্তব অবাস্তব

মাঝি যখন হালে পানি পায় না
তখন অ-বাস্তবের পিছনে ছোটে।

সত্য মিথ্যা

মিথ্যার আশ্রয় নিয়ে
সত্যকে ঢাকা যায় না
তবে সত্যকে আশ্রয় করে
মিথ্যাকে খুঁজে বের করা যায়।

অজ্ঞতা

মিছিলের পর মিছিল এগিয়ে চলেছে
ক্লান্তিহীন নীরবতায় বিমূর্ত রূপ
এক পলকে সব অসহায়
অজ্ঞতার কারণে।

আচরণ

কৃষ্ণের চাতূর্যতা'র পিছনে
গভীর ষড়যন্ত্র না থাকলেও
বিমাতা সুলভ আচরণ ছিলই।

অন্ধত্ব

ধৃতরাষ্ট্র অন্ধ না হয়ে যদি দৃষ্টি বাণ হতেন
তবুও তার মনের অন্ধত্ব যেত না।

কান্ড কারখানা

পুকুর ভরাট করতে গিয়ে
একি কান্ড করি
ডোবায় মাছ ধরতে গিয়ে
সেখানেই ডুবে মরি!

হার-জিত

সমাজ বৈচিত্রে বিচিত্রতার রূপ আস্বাদন করা
দেবরাজ ও হার মানে।

পলে পলে

নিভেছে দ্বীপের আলো চিরদিন
ফলে চিরদিন আলো জ্বলে নি
প্রদীপ তখনো জ্বলছে পলে পলে।

স্বাধীনতা

স্বাধীনতার মূল মন্ত্র অধিকারের চাবিকাঠি নয়
কর্তব্যের মূল সোপান।

লাভা লাভ

রাষ্ট্রদ্রোহিতা দেশের ক্ষতি হলে
বিরোধীতা করা রাষ্ট্রের পক্ষে লাভ জনক।

পরাধীন

লোকমুখে প্রচার আমরা স্বাধীন
তার প্রকৃত অর্থ বুঝিনা বলেই
আমরা পরাধীন।

সুদখোর

সুদ খোর যখন প্রাতিষ্ঠানিক মাত্রা যোগ করে
সেখানেও সুদের গন্ধ পাওয়া যায়।

অহংকার

অহং যখন নিবন্ধে পরিণত হয়
সেখানে কোনরূপ সাহিত্য থাকে না
থাকে ভনিতা।

মানুষ

প্রকৃতি জীব সৃষ্টি করলেও
মানুষ নামে জীব
প্রকৃতির একমাত্র ধ্বংসের কারণ।

নীতির দুর্নীতি

মেঘের আড়ালে মেঘ হাসে
বৃষ্টি হবে বলে
নীতির আড়ালে নীতির ভাসে
দুর্নীতি পলে পলে।

মানুষ - অমানুষ

পাখির সাথে পাখি কথা বলে
ওরা যে পাখি নয়
মানুষ মানুষকে অমানুষ করে
যারা মানুষ নয়।

মারে কৃষ্ণ

কৃষ্ণ যদি মারে কাউকে
কখনো মারে না ভাতে
মানুষ চায় মারতে মানুষ
হাতে এবং ভাতে।

রাজা যায় রাজা আসে

রাজা যায় রাজা আসে
প্রজা থাকে চুপ
সারা জীবন প্রজা জ্বলে
যেমন জ্বলে ধূপ।

পরিহাস

টেবিলে টেবিলে ছয়লাপ
যদি চেয়ার না থাকে
এমন দশা হয় তাদের
ভাগ্যের পরিহাসে।

মজুতদার

কোদাল এখন বদ্ধ ঘরে
কারখানা যে বন্ধ
গরিব চাষী গরিব থাকে
মজুতদারের আনন্দ।

দোষ

রবি হাসলে চন্দ্রগ্রহণ
চাঁদ হাসতে মানা
গরিব হাসলে ফোসকা পড়ে
ধোনির হয় যন্ত্রনা।

নেপোয় মারে দই

শিক্ষা দীক্ষা চুলোয় যাক
তবে আমার কই?
শিক্ষায় যারা গগনচুম্বী
নেপোয় আমারে দই।

বাস্তব

রক্ত দিয়ে লেখা রক্ত ঝরায় না
মন দিয়ে লেখা হয় মনের আয়না।

বিশ্ব- বীর

যুধিষ্ঠিররা পাঁচ ভাই কেউ যুদ্ধে স্থির
ধর্মের পথ আশ্রয় নিয়ে অর্জুন বিশ্ব বীর।

একালব্য

গুরু ছাড়া বিদ্যা হয় না এই ধারণা ভুল
একলব্য দেখিয়েছেন তা যে বিলকুল।

পঞ্চভূত

শ্রীরামকৃষ্ণ ভাবের বসে পঞ্চ ভূতে যান
বর্তমানে সে ভূতে ও নেই যে পরিত্রাণ।

হলাহল

অসহায় জাতি ডুবে এখনো
ধর্মের হলাহলে
চারদিকে তাই ডুবছে মানুষ
পাঁকের ঘোলা জলে।

নগণ্য

এখনো বইছে নদী
শিরা-উপশিরায়
কিসের আশায়
আমি?
আমি থেকে গেলাম অতি নগণ্য।

সৈনিক

যুদ্ধ যেখানে শুরু
প্রতিটি সংসারে
অপেক্ষারত সৈনিক আমি
চৌকাঠের ওপারে।

অন্যরূপে

পৃথিবীর ছত্রে ছত্রে এদের আধিপত্য
নিজের আখের গোছাতে
বেমালুম ভুলে যায় অন্যকে
আমিও তাদের একজন
অন্যরূপে।

সুখী

সুখে থাকা বা সুখে রাখাটা বড় কথা নয়
দুঃখকে যে বরণ করতে পেরেছে
সেই সবচেয়ে সুখী।

চেয়ার

চেয়ারের মর্ম যদি বুঝতে
পা গুলি ভাঙতে না
টেবিল পাশে পেয়েও তুমি
হাতে হাত জুড়লে না।

টেবিল

টেবিল যখন ছিল ভালো
ভাঙ্গা হাতেই ভাঙলে তা
বসার যখন সুযোগ পেলে
সদ্ব্যবহার করলে না।

কখন কি হয়

কখন কি হয় কেউ জানে না
তবুও ডাকি প্রাণ ভরে
ঘরের মাকে কেউ দেখেনা
পরের জন্য মন পোড়ে।

পথ

আমার এ কারাবাস
তোমার জীবনে সুখকর হোক
ভ্রমরের গুঞ্জন তো চলবেই
শান্তি যদি না পাও
ওটাই একমাত্র পথ।

স্বপ্ন

মনে আমার রং লেগেছে
সে রং কিভাবে ধুই
স্বপ্নে যাকে দেখেছি ...
কেমনে তাকে ছুঁই।

প্রয়াস

অতি মারি?
কিছুই না
মানুষ মারার ক্ষুদ্র প্রয়াস।

রাত জাগা পাখি

রাত জাগা পাখিরা আর
জাগে না রাত
একা নিশীথ যাত্রী হয়ে
সমুদ্র মন্থনে।

অপাংক্তেয়

ভোরের পাখি হয়ে
ঘুম ভাঙানোর স্পর্ধা তুমিই পারো
বাকি সব অপাংতেয়।

অশনি সংকেত

দিকে দিকে চলেছে অশনির সংকেত
ভিজে বিড়ালের মত
না ভিজে ও ভেজার ভান করে
গা বাঁচানোর একমাত্র পথ।

বোমা

শুধু বোমা দিয়েই কিছু হয় না
মস্তিষ্ক প্রসূত কিছু একটা...
নয়তো অচিরেই বিনাশ।

আকাশ-কুসুম

বুদ্ধিমানেরা ডুবে ডুবে খায়,
নির্বোধেরা প্রকাশ্যে
মধ্যমণি ভাবের ঘোরে
দিনে চাঁদ দেখে আকাশে।

চাতুর্য

চতুর যারা সামনে চলে
দুইয়ের মাঝখানে
ঝোপ বুঝে কোপ মারে
কেউ জানে না কোনখানে।

সংলাপ

পুকুর ভরাট করলে পরে
পুকুরের কি লাভ
যারা পুকুর ভরে লাভের আশায়
বানায় যে সংলাপ।

ভাষা

বিনিময়ে কি না হয়
না ভেঙে কোন ভাষা
লাভের আশায় যদি ভাঙো
মরবে শেষে চাষা।

দুঃখ

বাংলার মুখ আমি দেখেছি
আর দেখতে চাই না সে মুখ
কত হাসাহাসি কান্নার রোল
দেখে লাগে বড় দুখ।

দিকে দিকে আজ শুধু সন্ত্রাস

বাঁচার নেই কোন আশ
তবুও বাঁচতে হবে এ দেশে
পরোক্ষ আশ্বাস।

বিচার সভা

জাতের বিচার করতে গিয়ে
হালে নেই রে পানি
বিচার সভায় বিষ ঢেলে তাই
মৃত্যুর হাতছানি।

ফাগুন

যুগ সন্ধির সন্ধিক্ষণে
জ্বলছে যে আগুন
সেই আগুনেই ছারখার হয়
যৌবনের ফাগুন।।

জল

ফাগুনে ই আজ লেগেছে আগুন
নেভাবে কে বল
প্রকৃতি আজ ছারখার হল
নেই প্রকৃত জল।

ছারখার

রাতের আঁধার আঁধার নয় সে
দিনের অন্ধকার
কিভাবে ঘুচবে সে আঁধার বলো
হৃদয়ে হৃদয় পুড়ে ছারখার।

নতুন সূর্য

প্রশস্ত রাজপথ আজ রক্তাক্ত
রক্তাক্ত দেশের ভবিষ্যৎ
অভিশাপ, এ দিন ঘোর অন্ধকারে ঢাকা
নতুন সূর্যের অপেক্ষায়।

চোরাবালি

নদীর পলিতে আজ নৌকা নিমজ্জিত
হাল স্তব্ধ
পালে শুধু ঝড়ো হাওয়া
দ্বারের কান্না শুনে কেউ আসে না।

তিমিরে

আমিও কি জানতাম, আমার অজান্তে তুমি....
সাঁতার কেটেছ ডোবা ছেড়ে নদীতে
নদী ছেড়ে সাগরে
আর আমি সেই তিমিরে।

দুরবস্থা

ঘড়ির কাঁটা টা আর নড়ে না
ঘন্টা তো দূরের কথা
অজস্র ক্ষেপনাস্ত্র ছড়ার পরে
আজ এই দুরবস্থা।

উপলব্ধি

পৃথিবীর গান পৃথিবীতেই থাক
আমার গান আমাতেই
শুধু আত্মস্থ করার
এক অসম উপলব্ধি।

কবিতা

কবিতার মনের কথা কজন ই বা বোঝে
আমার মনের কথা কবিতা বোঝার চেষ্টা করে
সে উপলব্ধি শুধু কবিকে ই মানায়।

অসম

ভূমিকম্পের উপর ভূমিকম্প হলে যা হয়
অসম অর্থনীতি দেশের উন্নতির পরিপন্থী।

পথিক

পথিক আজ পথ খুঁজে বেড়ায়
সে পথের জ্বালা বোঝে কজন
তবুও সে চলেছে অজানা পথে
পথ একটাই, নয়তো বিসর্জন।

পথেই রই

আমিও তো চেয়েছিলাম হতে পথিক
তবে পথ খুঁজে না পাই
যতদূর যাই শুধু মরুময়
পথের খোঁজে তাই পথে ই রই।

কান্না

নাম না জানা কত কিছুই রয়ে যায় অগোচরে
কত মানুষ নামের আশায় এদোর ওদোর ঘুরে,
নামের জন্য জীবন মরণ করে সমর্পণ
"তবুও আশায় বুক বাঁধে চাষা "করে শুধু ক্রন্দন।

নির্বোধ

পথেই আমি আঁকড়ে ধরি নুড়ি পাথর বালি
পথেই আমার জন্ম মৃত্যু দেবো তারে অঞ্জলি
সময়ের সাথে পাল্লা দিয়ে আবার পথেই অবরোধ
পথেই যেন পথ দেখায়, আমরাই নির্বোধ!

ঝলকে

বিদ্যুতের ঝলক আসে প্রতিটি মনে
আমারও মনে আসে সে ঝলক ক্ষণে ক্ষণে
প্রকৃতির স্বর্গ সুখ মনে জাগে বড় দুঃখ
প্রতিটি পদ্ম যেন ভাসে আনমনে।

বাড়ন্ত

ছুটন্ত ট্রেন থেকে মন ছোটে জোরে
বাড়ন্ত সংসারে কেন আমি বারে বারে...

ভাবের ঘোর

এ ভবের সংসারে যদি ভাবের ঘোরে থাকো
জীবন বীণার সুর গুলি সব
অতলে তলিয়ে রাখো।

স্টেশন

জীবন বীনার একটাই স্টেশন
যেখানে পৌঁছানোর পর
অন্তিম কাল শেষ।

ডুবে মরা

রূপের সাগরে ডুব দিয়ে
রূপেই ডুবে মরি
গুণের সাগর খুঁজতে গিয়ে
ডোবায় ডুবে মরে।

শপথ

স্বর্গ নরক বিচার কর
কে দেখাবে পথ?
এ সংসার কর্ম্মময়
শুধু নয় হে শপথ।

প্রশ্ন

রাজার কুমার যদি ঘুমিয়ে থাকে
তাঁর ঘুম ভাঙাবে কে?
চাষীর কুমার যদি ঘুমিয়ে ...
...খাদ্য যোগাবে কে?

ধ্বংস মুখী

ধ্বংসমুখী আগুন যখন আঙুল দেখিয়ে দেয়
ধ্বংস মুখে মানুষ ততই এগিয়ে যেতে চায়।

শান্তি

এত শান্তি তবুও শান্তি
শান্তি পেলাম না
শান্তির খোঁজে এ চরাচরে ...
তৃপ্ত হলাম না।

চর্চা

ঘরের থেকে বাইরে বেশি
চর্চা আমার দ্বিগুণ হয়
ঘরের মধ্যে বসে বসে
ঘুমের ঘোরেই মত্ত রই।

www.ingramcontent.com/pod-product-compliance
Lightning Source LLC
La Vergne TN
LVHW050948051026
849532LV00005B/1754